AF598830

LA LUZ QUE HABITO

PILAR GARCÍA

Aliar ediciones

© Pilar García
© La luz que habito
© ALIAR 2015 Ediciones S.L.

Corrección: Eladia Guerrero
Diseño de cubierta: Pilar García IA
Maquetación: Aliar Ediciones

Depósito Legal: GR 1539-2025
ISBN: 979-13-88058-02-8

Impreso en España

Edita
ALIAR Ediciones
www.aliarediciones.es
info@aliarediciones.es

La reproducción total o parcial de este libro, por cualquier medio, no autorizada por los autores y editores, viola los derechos reservados y las leyes sobre la propiedad intelectual.
Cualquier utilización debe ser previamente autorizada.

LA LUZ QUE HABITO

PILAR GARCÍA

Para Andrés, Aurora y Malva, y a mi propia voz.
Gracias por acompañarme cada día.

LA NIÑA INVISIBLE

Gritos de colegio
inundan recreos.
Palabras envenenadas
y dardos afilados.
La niña de pelo corto
no quiere salir al patio.
Niños de boca cosida
y adultos sordos y ciegos.
La niña de pelo corto
invisible bajo su capa.
Ella salta a la comba
y la soledad lleva el compás.
Música en el aula,
y su imaginación
echa a volar.
En la ventana, una postal.
Revoloteo de pájaros
en el pinar.
La niña de pelo corto
en su pupitre soñaba.
Con alas como disfraz,
para ¡reír, cantar, jugar!

QUIÉREME

Aráñame con tus cosquillas.
Atácame con tu risa.
Atropéllame con tus besos.
Quémame con tus abrazos y
ensordece mis oídos con un «¡Te quiero!».

VIAJES EN EL TIEMPO

Atada de pies y manos.
Con la certeza de que algo iba a pasar.
Como en las películas,
en las que por muchas veces que el protagonista
viaje en el tiempo
el resultado siempre será el mismo.
Lloro, grito y pataleo.
Nadie me oye tras este frío cristal.
Soy el fantasma del futuro,
perdido en el tiempo,
que nada puede hacer ya por su pasado.
Camino por una senda que nunca imaginé,
sin destino.
Ahora recuerdo las palabras de Machado,
se hace camino al andar,
caminante no hay camino,
sino estelas en la mar.

FOTOCOPIAS

Quita de mi vista
esa cara fotocopiada.
Eres un clon.
Una réplica absurdamente perfecta
de cinismo, mentiras y oscuridad.
Copia y pega tu cara repetida en otro sitio.
Lárgate con tus dudas a otro lugar.

DESPEDIRSE

Adiós te digo
aunque no quiero.
Gracias te dicen mis labios
aunque no hable.
¡Qué largas fueron las horas y qué cortos los años!
Somos recuerdos, olvido y perdón.
Porque siempre cambiamos de lugar
aunque duela, y nos pese.
Porque siempre somos,
fuimos y seremos.

CULPABLE

Planeé matar a la muerte,
para que no te alcanzara.
Y tus puñales me alcanzaron
por la espalda,
como canta Calamaro en su canción.
Se me secaron las sonrisas,
y vendí hasta el último gramo de lágrimas.
Para luego ir a comprarlas al mercado negro,
porque llorar engancha,
cual chute de tu mejor droga.
Cuando me detengan,
me declaro culpable.
Culpable de ser
y de querer
con el alma abierta
y los brazos desnudos.
Sin escudo ni coraza.
Sin defensa ni plan.

LUCES Y SOMBRAS

Tan cerca estaba
que casi podía tocarme.
Pero siento
que desaparezco,
incorpórea, disuelta,
en altas dosis de maternidad.
El espejo me disfraza con canas
y ojeras de no dormir.
El reflejo apocalíptico
de la vida que nace.
Solo quiero gritar.
¡Déjame!
Que nieve y se congelen mis huesos.
Que llueva hoy en mis ojos,
rechinen mis dientes
y me parta un rayo.
Y sí.
Es de loca decir lo que digo,
sin miedo a que se dicte sentencia.
Pero quiero ser libre.
Y la fianza la pagué
con leche y lágrimas.

RECUERDOS VIVOS

Floto en el agua fría y salada,
las olas mecen mi cuerpo,
en este mar en calma.
Mis memorias
nadan alrededor
y me rozan la piel.
Joder, ¡cómo escuece!
Se esparcen en mi cuerpo
cual veneno.
¿Por qué me sobra tanto corazón
y aun así me falta razón?
Me agarro al salvavidas
de los recuerdos,
de lo que me importa.
Lentamente, regreso a tierra,
con los pies descalzos en la orilla,
y aprendo de nuevo a caminar.
Sintiendo las olas de la vida
y un nuevo despertar.

LAS LÁGRIMAS QUE ESCRIBO

Escribo,
para ahogar las palabras
que quisiera decirte
en estas lágrimas
que no quiero derramar.
Escribo,
y que pare esta noria
en la feria de mis pensamientos.
También escribo, lo admito,
para encarcelarte en mis sueños
y tirar la llave.
Y pasa que, a veces, escribo.
Y la vida duele igual.
Y pasa que, a veces, se me olvida escribir-te,
y la vida sabe dulce y a verdad.
Aunque sé que
las heridas dibujan cicatrices
que son para siempre.
Espero que, esta vez,
el tren pare en mi estación,
bajarme en el andén
y echar un baile o dos.

MÚSICA EN LA PIEL

Piel erizada de la nuca a los pies.
Cosquilleos que, sin aviso,
como suspiros se escapan,
si suena esa canción.
Una suave marea de agua salada
colma mis ojos.
El sonido intenso me traspasa.
No puedo escapar de sus acordes.
Inevitable,
como el beso que te atrae con su gravedad
hacia su centro.
Las notas me transportan,
me duelen y me curan.
Es el olvido
y el recuerdo de que estamos vivos.
Qué más da lo que piensen los demás,
nunca dejes de ser música,
nunca dejes de soñar.

RECUERDOS CELESTIALES

A mi abuela Paqui

Recuerdo tus ojos celestes, abuela.
De ese color tienes el alma
y así brillan mis memorias de ti.
Tu Jaén natal sonaba
en los poemas que me recitabas,
mientras me imaginaba a la princesa de la boca de fresa.
Y respiraba el jazmín,
que un alfiler atravesaba,
prendido a tu vestido.
Abuela de sangre
y corazón de madre.
Pero el reloj marcó la hora
y esa hora llega siempre.
Te echo de menos.
En mi reflejo vive
la huella que dejaste en mí.
La vida corre deprisa,
como una reacción en cadena,
a tus sueños, a tu vida.
Y puede que así nunca te vayas del todo,
si te sigo queriendo y recordando,
y no paro de vivir con ganas,
desde ahora
y hasta que suenen las campanas.

EN EL FONDO

Aprendí a no luchar contra el viento
y dejarme azotar por su látigo.
Aprendí a no nadar en la tormenta,
y a respirar cual sirena,
inmóvil en el fondo.
No fue tan malo caer.
Aprendí, sin querer,
a flotar y renacer de
los lodos más profundos,
donde brotan las flores más altas.

SOL-EDAD

Según la Real Academia Española,
es la capacidad de ver el sol
en las diferentes etapas de la vida.
Dícese de la habilidad de ver con claridad
en un eclipse vital.
Cualidad de una persona sabia
de quererse a pesar del tiempo.
Adjetivo que denota negatividad,
y al despertar
necesitamos para volvernos luz.

TITANES

El nudo se deshace suavemente
mientras me abrazas.
La claridad entra en la noche oscura del alma
para cegarnos un rato,
y luego se siente tan cálida.
El espíritu quebrado en dos
se une en un solo cuerpo,
en un orgasmo cósmico.
Irremediablemente destinados los dos.
Ya nadie está perdido.
Nadie espera a nadie.
La sanación de quererse a uno mismo,
y el premio de quererte a ti.

EL DESPEGUE

Atardece.
Sentada en rumores de viento
me pierdo entre mareas de arena y sal.
Me despido del sol,
y el cielo susurra canciones de agua.
Lloro y deshago los nudos del estómago
y las piedras de mi garganta.
Anochece.
Como un planeta fuera de su órbita,
me siento una extraña en mi propia piel
y cuento estrellas
y deshojo lunas de otras galaxias.
Lista para el viaje,
preparo la maleta con sonrisas y
algunas horas de cuando no duermo
porque pienso en ti.
No sé mi destino,
pero no busco escapar.
Es la hora,
la vida comienza a despegar.

NIÑA FLOR

Notas de colores,
cuando el día suena gris.
Cosquillas en la cara,
al irme a dormir.
Risas,
si con nostalgia se me inundan los ojos.
Destellos verde esperanza,
en tus amaneceres despeinados.
Pintora de arcoíris de profesión,
y ladrona de besos en tus ratos libres.
Mi niña flor.
Crecen malvas silvestres en mi corazón ♥

DULCE OLVIDO

Sabía a dulces «te quieros»
el pastel de cumpleaños olvidado.
Quedaron las mentiras
cubiertas de polvo,
envueltas en papel de regalo.
Se oía música,
de amargas melodías
y risas enlatadas
en almíbar caducado.
Ella está sentada,
donde siempre.
Sus lágrimas, escondidas,
contemplan los ecos del ayer.
¡Cómo le duele el hueco cobarde del sofá!
Porque nunca fueron para siempre,
pero siempre quiso no despedirse nunca.

QUÉ POCO IMPORTA

No me importa
que tus ojos reflejen
el color de las flores de nuestro jardín.
No me importa
la brisa de tus manos
sobre el horizonte de mi piel.
Me da igual
que la noche anuncie
tu ausencia o
el vacío de mi cama cuando amanece.
No me duele
el silencio de tu canción favorita,
ni las mariposas
que no se posaron en los besos.
Qué poco me importa
que siempre hayas sido tú.

CONEXIONES ROTAS

Hoy me falló la conexión.
Apagaron el *router* del amor.
No quise pagar el precio
de sufrimiento gratuito
al que parece que,
en algún momento,
me suscribí.
Solicité la baja anticipada,
y ahora avanzo,
sin la mejor oferta.
En unión con mi libertad,
de mi ser y de pensar,
crece una nueva versión,
aunque se nos rompiera la conexión.

COLGADO

Que me deje la vida bocabajo,
para verla del revés.
Sin otra cosa más que perder,
sin otra más por la que luchar.
Fuera oigo voces distorsionadas
que ni saben de lo que hablan
ni lo sabrán.
Me escapé,
y me gustaron por mucho tiempo
las mentiras que me conté.
La verdad...
duele menos quedarse igual
que cambiar.
Duele menos cerrar los ojos
que vivir sin miedo.

PUÑALES Y PENAS

Cuando no quede esperanza,
y no aguantes más la cuerda que se tensa,
busca el refugio que construí para ti.
Si el puñal atraviesa tu garganta
y no deja que se escape el llanto,
nada en el mar de los recuerdos
por el que navegamos siempre juntos.
El olvido no me gana la partida,
ni me engañan tus trucos de hielo.
Nos vemos donde siempre brillan las flores
y crecen soles
que calientan el invierno entre tú y yo.

LA TREGUA

Silencio en los ojos
y espinas en los labios,
así son mis guerras contigo.
Paz en el corazón,
y flores en el pensamiento,
así es como te declaro siempre la tregua.

LA LLUVIA OSCURA

Ayer vi tu rostro en un sueño.
Aunque no estaba dormida.
Ayer se cayeron las torres
y se derribaron tus muros,
a costa de que me abrieras en canal
y me ardieran las entrañas.
Dejo que se escape el grito de las lágrimas
al cielo oscuro y nublado,
y se desencadena una lluvia torrencial.

EL JUEGO DE LA VIDA

Las veces que no me quise
me traicioné.
Se secaron las flores,
y quise hacer un ramo.
No salió bien.
Si juego a amar,
debería saber las reglas,
aunque yo no aprendo
y me las invento.
Que no se olvide llover
sobre las raíces de mi corazón,
y regar los instantes de vida
que sobrevuelan alrededor.
Digo adiós, sin despedirme.
Digo perdón, sin arrepentirme,
y digo te quiero, sin rendirme.

DESPIERTA

Estoy despierta.
La energía me ciega.
La tierra se abre ante mis pies
y las señales me sacuden hasta la médula.
Estoy despierta,
y el mundo se ha parado en seco.
Me pierdo y me encuentro cada día.
Sin vuelta atrás
la llamada conspira a mi favor,
pero me busca
y me retuerce los sesos,
hasta encontrar mi destino.

A MI ABUELO

Recuerdo pedalear en mi bici,
sabiendo que me cogías.
Qué fácil parecía
cuando lo hacías tú.
Los recuerdos se hacen lejanos,
y estás más presente
ahora que no estás.
Siento el amor
en cada poro de cada segundo.
Y te veo.
Las señales, los arcoíris,
la canción de aquella tarde tan triste,
y ese regalo que llegó en sueños.
Recuerdo cables de hospital,
tu cuerpo demacrado,
y corazones rotos.
Y pensar un «te quiero»
que se quedó en el pecho.
Te doy las gracias por estar,
sin saber que estabas.
Gracias por quererme,
más allá del tiempo
y de las estrellas.

REFLEJOS

Fotografías de otra persona
invaden mi teléfono.
«Hace cinco años
un día como hoy»,
vivía una mujer con mi rostro,
pero el espíritu de otro color.
Quizás estaba rota
y ni siquiera lo sabía.
Cuánto duele morir
y ser ave fénix,
atravesando la oscuridad.
La del espejo ahora soy yo,
el mismo rostro,
pero con el espíritu de otro color.

LOS AÑOS ESTROPEADOS

Don Manuel se levanta cansado.
Los años pasados
se reflejan en las arrugas de sus manos.
Suena *Fénix* de Stravinski.
Don Manuel mira su rostro arrugado,
«¿Estoy roto, quizás?».
Seguro que sí,
como su antiguo Telesonic.
Cuánto le duele el recuerdo,
y que suene esa canción
en su tocadiscos estropeado.

GIRANDO

Tanto tiempo buscando-te,
y dimos tantas vueltas
que siento náuseas.
Todo gira,
y le he dicho al feriante que me quiero bajar.
Me voy.
No sin antes patalear de rabia,
soltar relámpagos y palabras feas,
porque te lo dije y ahora ha pasado,
te lo dije y no me quisiste escuchar.

EN LA VENTANA

Asomada a la ventana
baila la aurora de la mañana,
y pienso en ti.
Las palomas baten sus alas
entre los edificios desgastados,
bailando al son del amanecer,
y recuerdo cómo te fuiste.
El cielo clarea
y se tiñe de naranja.
Los rayos atraviesan la pantalla celeste,
como tus besos a mi boca.
Las nubes avanzan lentas
cargadas de agua y electricidad
hacia mis labios.
Es invierno,
y aún siento tu calor.
Sigo en pie,
con la cara llena de «te echo de menos»
y porqués sin respuesta.
Cierro el cristal.
Y recojo mis lágrimas en mi taza favorita.

SOLTAR

Qué extraño fue quererte
sin casi conocerte.
Qué incierto es decidir
marcharse con el alma herida.
Camino en dirección contraria al amor,
y sin embargo,
me sigue la vibrante estela del deseo.
Solté nuestro lazo al universo en un sueño.
Y vi cómo planeaba entre sus faros
y besaba mi corazón.

LA CARRERA

La caída se sintió con fuerza.
No pudo evitar el golpe.
Sangra la herida
de las traiciones en bucle
de su karma tatuado.
No comprende que,
al quedarse,
se pierde en los caminos
del eterno ego inquebrantable.
En ruinas,
lo atraviesa con la espada
de la esperanza afilada.
Su centro emana la luz que
a caballo la alza vencedora
de las competiciones sin ganador,
de las carreras sin sentido,
y de los cuentos sin perdón.

SOMBRAS

Hoy habló con el lobo
herido que la habita.
No aguantaba más
el miedo sin medida,
el pecho sin aire
y la cabeza de globo.
Abrazó al monstruo de su armario.
En las cavernas del inconsciente,
sobrevive el animal.
La parca susurra recuerdos
del brillo de las pequeñas cosas.
Ella no puede ser luz
sin sombra.
Como no hay noche sin luna,
sin manto estelar.

LABERINTOS

La princesa espera,
sin saber qué aguarda.
Se pierde en el laberinto
de los espíritus errantes.
Impostoras sus paredes
y engañosas las pistas
de sus guardianes.
Ella siente la oscuridad
que paraliza su voluntad,
y el rechinar de dientes
al caer la noche.
¿Y si se enfada
y derriba los muros?
¿Por qué no estalla
y arrasa con todo?
Se niega a pedir permiso
para encontrar la salida,
no le teme al fantasma
de los olvidados.
Abre sus alas,
y vuela.
Desde allí,
¡qué pequeña se ve ahora la espiral!
Qué diminutas las fobias, y qué efímera la muerte.

LA FE

Un pensamiento tropieza
en una pluma blanca
mientras camina.
La inercia de la vida
la ciega,
y su fe se cuela
entre los huecos de su alma quebrada.
Su tristeza habla
de la sed que sienten sus labios.
La ansiedad se presume
dueña de los latidos de su devoción.
Presa del pánico,
se rinde extasiada,
por la verdad de su semblante.
Porque aunque niegue
aquello que no puede ver,
ella solo puede venerar
aquella certeza irrefutable
que los ángeles guardan
y los universos atesoran.

CREAR CONTIGO

Entre sábanas y pensamientos,
ella se sumerge
en la cascada de átomos de su piel.
Anudada a su cuerpo,
surge el deseo
de manifestar su desnudez.
El instinto de crear
atraviesa la cicatriz de su útero
como un haz potente y luminoso.
Se eleva,
asciende al techo,
cruza el cosmos,
hasta sentirle dentro.

LA CONDENA

En una cárcel
de espejos rotos
se apagaba la sonrisa
que desdibuja su boca.
Paralizada por su dolor,
ella llora cada noche,
asomada al tragaluz
de sus penas enjauladas.
Como un pájaro
ciego y herido
que canta hermosas canciones,
sin poder alzar el vuelo.
¿Por qué no sale de su jaula?,
se pregunta el carcelero.
Abierta está
la puerta de su condena.
Ella derrama como cada luna
agua salada de sus verdes faros,
atada a su propio olvido,
presa de su propio enfado.

SI ME QUEDO

Si me quedo contigo
en las nubes,
por favor, que sean de azúcar.
Si te espero otra estación,
no quiero otra mentira de verano.
¿Por qué nunca
cojo paraguas
y siempre llueve?
Dime palabras
rojas como amapolas,
que crezcan sobre mi pecho.
Te escucho y, por favor,
¡que el viento
no arrastre las palabras
junto con las hojas
del viejo ciprés!
Si me quedo,
que sea para respirar en tu cuello
la dama de noche
que crece en tu piel.
Ámame y que la llama
que nos quema nos deje
pasar el invierno
locos y desnudos de amor.

Y aunque te pierda,
nunca dejes que el tiempo
nos tatúe de olvido el alma,
porque tengo los recuerdos
guardados en mi pecho
en una cajita de luz.

EN LA HOGUERA

¡Lánzame al vacío
de tu hoguera,
y bailemos
con el crepitar
del fuego
entre tú y yo!

A MI ABUELA PETRA

Te recuerdo ya muy viejita.
Blandita,
carita adorable
y pelo de plata.
Te recuerdo en tus últimos días también.
Parecías dormir,
y al oír las risas de los niños
abriste los ojos
y una sonrisa se dibujó en tu cara.
Sé que esa paz de tu partida
me acompaña.
El amor se siente de este lado,
y atraviesa el portal hasta mi alma.

EL LEÓN

Hoy ha sido el día.
Como un león,
rugían los gritos
en su garganta enfurecida.
La rebelión de quien
no entiende.
Como el pataleo del niño
al que no le dejan ver la tele.
La chispa de la fe encendida
tras el toque inesperado
de aquel que nos ama.
La voluntad humana
de no querer saber
más allá de lo cotidiano.
Y el irremediable desenlace
de entrega al amor incondicional,
al sol de su rostro,
a la fuerza y gracia
de nuestra divinidad.

KUNDALINI

Tumbada en su esterilla
arden sus raíces.
Los gritos
se funden con las ondas sonoras
que derraman música.
Enroscada en Muladhara,
despierta la serpiente.
La vibración sube
por su columna vertebral
y un aullido libera
el nudo en su garganta.
Solo se ve luz
en sus ojos cerrados
y la epifanía se posa en su corona.
Las lágrimas que brotan
riegan su alma,
y se torna más fuerte,
abrazada a la madre tierra.

DE VUELTA A MÍ

Cansada de esperar
se marcha sin mirar atrás.
Cómo le desespera nadar
en el mar de las dudas,
en el vacío de la mirada indecisa,
de las ganas cobardes,
de los te quieros ahogados
en una noche de sexo.
Camina,
y elige sembrar amor.
Semillas del renacer,
en el sendero de vuelta a casa,
de vuelta a su interior,
a lo más profundo
de su corazón.

CUANDO PIENSO EN TI

Me pregunto qué piensas
cuando hablas de mí.
En mi mente habitan
los suspiros ahogados de mi almohada,
y las notas musicales del último abrazo.
Tú dices
que no eres amigo del amor.
Que huye aprisa el corazón,
sin ganarle nunca la carrera al olvido.
Y oigo en tu silencio
el tictac de mi reloj.
Los años hacen apuestas
sobre las vueltas en el calendario,
y las pierden.
Otra primavera
en la salita de espera.
En mi pelo
se derrite la nieve
que sentencia un invierno más
entre tú y yo.
Y lloro, un verano más sin ti.
Llueve sobre mojado
en la habitación
donde antes salía el sol,

y se pierde tu calor
que era mío.
Qué mala certeza
la de saber que pierdo siempre,
a pesar de ganar
la suerte de olvidarte.

PENSAMIENTOS

Crecen pensamientos
del color de la miel
en tus labios,
y me brota la risa.
Sin saber muy bien
cómo la sembré,
florece.
Y se disfraza
de rosas sin espinas,
de esas que me regalarás
por algún San Valentín.

LA BÚSQUEDA

Toda mi vida buscando
y ahora siento
que siempre estabas.
Por fin pude comprender
el amor que cada amanecer
me mandabas.
Ya no voy a callar.
No esperaré para decirte lo que siento.
No callaré ni un minuto más
y cantaré todo lo que te quiero.
No puedo disimular más
esta llama viva
que me quema por dentro
y me hace polvo
hasta los huesos.

HOY

Quisiera despedirme.
Hoy.
Te voy a echar de menos.
Hoy.
Mis pensamientos entonan tu canción,
y pienso en ti.
Hoy.
Pensando en tus manías.
Hoy.
Las nubes se disfrazan
y adornan el ancho azul.
Hoy.
Donde siempre habitas tú.
Hoy.

Índice

Este libro se terminó de editar en Granada en octubre de 2025 por

www.aliarediciones.es
info@aliarediciones.es